AF395392

25 février 1886

11ᵉ Vente **VIGNÈRES**   (Nᵒ 54)

PORTRAITS

POUR

ILLUSTRATIONS

Première Partie

VENTE

HOTEL DROUOT — SALLE Nᵒ 4

Les 25, 26 et 27 Février 1886

A UNE HEURE ET DEMIE

Mᵉ Maurice **DELESTRE**	**M. DUPONT** aîné
COMMISSAIRE-PRISEUR	MARCHAND D'ESTAMPES
Rue Drouot, nᵒ 27	Rue de Seine, nᵒ 21

PARIS — 1886

YD
1908
44

CATALOGUE

DE PORTRAITS

POUR ILLUSTRATIONS

CATALOGUE

(N° 54)

DE

PORTRAITS

ANCIENS

POUR

ILLUSTRATIONS

PREMIÈRE PARTIE

Barbié — Cathelin — Choffard
C.-N. COCHIN
De Launay — Duflos — Dugoure — Dupin — Fiquet — Flipart
Œnvre de GAUCHER
Grateloup — Hubert — Janinet
Collection de LE BEAU

11ᵉ VENTE

Par suite du décès de M. VIGNÈRES

MARCHAND D'ESTAMPES

HOTEL DES COMMISSAIRES-PRISEURS

RUE DROUOT, 9, SALLE N° 4

Les Jeudi 25, Vendredi 26 et Samedi 27 Février 1886

A UNE HEURE ET DEMIE

———

Par le ministère de **Mᵉ MAURICE DELESTRE**, Commissaire-Priseur,
rue Drouot, 27.

Assisté de **M. DUPONT aîné**, Marchand d'Estampes,
rue de Seine, 21.

———

PARIS — 1886

CONDITIONS DE LA VENTE

Elle sera faite au comptant.

Les Acquéreurs paieront CINQ POUR CENT en sus des enchères, applicables aux frais.

M. DUPONT se réserve la faculté de réunir ou de diviser les lots.

ORDRE DES VACATIONS

Jeudi 25 Février

Vendredi 26 Février

Samedi 27 Février

DÉSIGNATION

ALLAIS (L.-J.)

1 — *Necker*, médaillon avec allégorie, d'après Royer de Casimir.

Belle épreuve. Rare.

AUBERT

2 — *Grignan* (Mme de), d'après Mignard.

Belle épreuve.

3 — *Voisenon* (l'abbé de), d'après Vigée.

Deux belles épreuves, dont une avec l'adresse d'Odieuvre, toute marges.

AUDRAN (B.)

4 — *Molière*, d'après Mignard.

Très belle épreuve, avant la pagination.

AUDRAN (J.)

5 — *Le Tellier* (J.-Camille), abbé de Louvois, d'après Rigaud, in-18.

Très belle épreuve.

BALÉCHOU

6 — *Louis*, dauphin de France, d'après Tocqué.

Très rare épreuve avant toutes lettres et avant les armes.

BALÉCHOU

7 — Le même Portrait.

Très belle épreuve avec l'adresse.

8 — *Warin* (Jean), graveur, d'après Le Fèvre.

Très rare épreuve avant la lettre.

BAOUR (L.-F.)

9 — *Rameau* (Jean-Baptiste), musicien, en pied.

Très belle épreuve, marges. Rare.

BARBIÉ (J.)

10 — *Catherine II*, impératrice de toutes les Russies, d'après de Mailly.

Deux très belles épreuves, dont une avant les quatre lignes du bas effacées; toutes marges.

11 — *Chevert* (F. de), lieutenant général, d'après Tischbein.

Très rare épreuve avant toutes lettres.

12 — Le même Portrait.

Deux très belles épreuves, dont une avant le privilège et l'explication.

13 — *Estaing* (le Comte d'), in-12.

Très rare épreuve du 1er état, avant toutes lettres.

14 — Le même Portrait.

Très rare épreuve du 2e état in-12, avant l'encadrement et le sujet qui ont été ajoutés dans l'état suivant.

15 — Le même Portrait, in-8.

.Très belle épreuve du 3e état, toutes marges.

BARBIÉ (J.)

16 — *Montcalm* (le Marquis de), d'après J.-B. Massé.
Très belle épreuve, grandes marges.

17 — *Rousseau* (J.-J.); en bas, la vue de l'Ile des Peupliers.
Deux belles épreuves, dont une d'un 2ᶜ état *non décrit*, avant les quatre vers.

18 — *Turenne* (le Maréchal de), d'après Nanteuil.
Très belle épreuve.

19 — *Voltaire*; en bas, une scène de la Henriade.
Très belle épreuve, toutes marges.

20 — *Wolff* (le Général), d'après J. Reynolds.
Très rare épreuve avant toutes lettres (les noms écrits à la main).

21 — Le même Portrait.
Très belle épreuve, toutes marges.

22 — Le grand Frédéric. — Joseph II. — Charles III, roi d'Espagne. — Pasquier Quesnel.
Six pièces.

BARON (C.)

23 — La France tenant les Médaillons de *Henri IV* et de *Chauvelin*, d'après Gravelot.
Très belle épreuve, marges.

24 — Portrait d'Homme, tenant un livre.
Épreuve avant la lettre.

BASAN

25 — *Charles Iᵉʳ*, roi d'Angleterre.
Très rare épreuve avant toutes lettres.

BAZIN (Chez)

3 — 26 — *Joly* (Bénigne), docteur de la Faculté de Paris, chanoine de St-Étienne de Dijon, instituteur des Religieuses hospitalières de cette ville.

Très belle épreuve, marges. Très rare.

BEAUVARLET

27 — *Bourgogne* (le Duc de), d'après Frédou.

Épreuve du 1er état avant les noms des artistes. Très rare.

28 — Le même Portrait.

Très belle reuve, marges.

BEISSON (Et.)

29 — *Jeanne d'Arc.*

Très belle épreuve, grandes marges.

BENOIST (G.)

30 — *Bertenazzi* (Carlin), Comédien ordinaire du Roi, d'après De Lorme.

Deux belles épreuves, dont une avant la dédicace.

31 — *Louis-Auguste*, dauphin de France.

Belle épreuve, grandes marges.

32 — *Montesquieu*, d'après la médaille de Dassier, grand in-8.

Epreuve avant toutes lettres.

33 — *Newton* (Isaac).

Très rare épreuve avant toutes lettres, non terminée.

34 — Réné Descartes. — Galilée. — Montesquieu. — Alexandre Pope. — Santeuil. — Mme de Maintenon.

Dix pièces, belles épreuves.

BOILY (C.)

35 — *Bordes* (Charles), ami de Voltaire.
Très belle épreuve.

36 — *Catherine II*, impératrice de Russie.
Belle épreuve.

37 — *Nonnotte* (Cl.-F.), Jésuite.
Très belle épreuve. Rare.

BERNIGEROTH

38 — *Sévigné* (Mme de), in-8.
Superbe épreuve, marges.

BOLT (F.)

39 — *Helvétius*.
Deux très belles épreuves, dont une avant toutes lettres, avec un croquis dans la marge.

BONNEVILLE

40 — Joseph Barra. — Agricola Viala.
Deux pièces, belles épreuves.

BOUTTATS

41 — Anne d'Autriche. — Philippe de France, duc d'Anjou. — Henriette de France, reine d'Angleterre. — Le Prince de Condé. — La Princesse de Condé. — Mazarin. — Turenne, etc.
Dix-sept pièces, très belles épreuves.

BOUTELON (L.)

42 — *Chénier* (M.-J. de), d'après C. Lefèvre; au bas, une scène de la Tragédie de *Charles IX*.

Très belle épreuve, marge.

43 — Entête de page avec Médaillon allégorique de *Montesquieu*, d'après Gravelot.

Très belle épreuve, tirage hors texte

BOULANGER (J.)

44 — *Patin* (Charles), d'après Le Fèvre.

Très rare épreuve avant toutes lettres.

45 — Le Vén. César du Bus. — Jean Du Verger de Hauranne, abbé de Saint-Cyran.

Deux pièces, belles épreuves.

B... (M.), *fec.* 1816

46 — Le colonel Boyer. — L'amiral Linois. — Sir Rich. Wilson, ovales in-12.

Trois pièces coloriées, toutes marges. Rares.

CARS (L.)

47 — *Henri III. — Henri IV. — Louis XIII. — Louis XIV. — Louis XV*; médailles dans un encadrement orné, d'après Gravelot.

Cinq pièces, très belles épreuves, tirage hors texte.

CATHELIN

48 — *Bossuet*, d'après Rigaud.

Deux très belles épreuves, dont une avant la lettre, toutes marges.

CATHELIN

49 — *Buffon*, d'après Drouais, in-18.
Deux épreuves, dont une avant toutes lettres.

50 — *Cook* (le capitaine).
Deux belles épreuves, dont une avant toutes lettres.

51 — *Dupont de Nemours*, d'après Ducreux.
Deux épreuves, dont une avant toutes lettres.

52 — *Fénelon*, d'après Vivien.
Très belle épreuve, marges in-4.

53 — *Frémicourt* (Jos.-Guérin de), d'après Philippe.
Très belle épreuve. Rare.

54 — *Gosseaume* (J.), musicien, d'après Cochin.
Six épreuves et contre-épreuves, en états différents.

55 — *Graffigny* (Mme de), d'après Garand.
Deux épreuves, dont une du 1er état, avant les armes.

56 — *Henri IV*, en pied, d'après Porbus.
Trois épreuves, dont une avant la lettre, toutes marges.

57 — *Le Cauchois*, avocat au Parlement de Norman-
die, d'après de Noirreterre.
Très belle épreuve, toutes marges.

58 — *Linnée* (Charles), d'après Roslin.
Très rare épreuve non terminée, avant toutes lettres et avant la
bordure, toutes marges.

59 — Le même Portrait.
Deux belles épreuves, dont une avant toutes lettres, grandes
marges.

CATHELIN

3 60 —. *Marie-Antoinette*, reine de France, in-18.

Très belle épreuve, toutes marges.

1 61 — *Marie-Thérèse*, d'après Ducreux.

Très belle épreuve, toutes marges.

2 62 — *Meusnier de Querlon*, d'après Vispré.

Belle épreuve, toutes marges.

9 63 — *Molière*, d'après Mignard, in-12.

Belle épreuve, marges.

2 64 — *Rollin* (Ch.), d'après Coypel.

Deux belles épreuves, dont une avant la lettre.

1 65 — *Stanislas*, roi de Pologne, d'après Massé.

Très belle épreuve.

M 66 — J. Caffin. — Godefroy de Villetaneuse. — S.-D.
Grosse. — Trévilliers, d'après Cochin.

Quatre pièces, belles épreuves.

M 67 — Crébillon, Desault, Mme de Graffigny, E. Lesueur,
Racine, Pierre Rousseau, Mme de Sévigné, l'abbé de
Voisenon, Le Tasse, etc.

Vingt-trois pièces.

CHATELAIN (J.-B.)

11 68 — *Tourville* (l'Amiral de), à mi-corps.

Très belle épreuve.

CHENU (P.)

16 69 — *Favart* (Mme), d'après Garand.

Épreuve avant la lettre, grandes marges.

CHENU (P.)

70 — Le même Portrait.

Très belle épreuve.

71 — *Louis XV*, frontispice allégorique, d'après Gravelot, pour les *Étrennes françaises*, de l'abbé de Petity.

Deux épreuves, dont une avant toutes lettres.

72 — *Perrenot* (Ant.), cardinal de Granvelle, d'après Garand.

Deux épreuves, dont une avant toutes lettres.

73 — Marivaux, Panard, Ant. Perrenot, Henri IV, le duc de Joyeuse, Marie de Médicis, etc.

Quatorze pièces.

CHÉRÉAU (F.)

74 — *Bossuet*, d'après Rigaud.

Trois épreuves, dont une du 1er état.

75 — *Orléans* (Philippe d'), régent, d'après Santerre.

Deux portraits différents, très belles épreuves.

CHÉRON (Elis.-Sop.)

76 — *Son Portrait*, par elle-même.

Très belle épreuve.

CHOFFARD (P.-P.)

77 — *Son Portrait*, fleuron à la fin du tome II des Contes de La Fontaine, édition de 1762.

Très belle épreuve, tirée hors texte, grandes marges.

CHOFFARD (P.-P.)

78 — *Basan* (Pierre-Fr.), entête de page de la deuxième
édition du *Dictionnaire des Graveurs.*

Très belle épreuve, tirée hors texte, toutes marges.

79 — *Boileau-Despréaux*, fleuron sur un titre, d'après
Garnier.

Très belle épreuve, tirage à part.

80 — *Bonaparte*, premier consul.

Epreuve avant la lettre, la tablette blanche.

81 — *La Rochefoucauld*, d'après l'Émail de Petitot.

Très belle épreuve, grandes marges.

82 — Le même Portrait.

Belle épreuve, toutes marges.

83 — *Louis XV*, d'après Cochin, entête de page pour
le Traité des Horloges marines, de Berthoud.

Très belle épreuve, tirée hors texte.

84 — Frontispice avec le buste [de *Mariette*, d'après
Cochin.

Très belle épreuve avant la lettre, grandes marges.

85 — Le même Frontispice.

Belle épreuve.

86 — *Palissot* (Ch.), d'après Monnet, médaillon orné de
masques.

Très belle épreuve, toutes marges.

87 — Le même Personnage plus âgé.

Cinq épreuves en états différents.

CHOFFARD (P.-P.)

88 — *Rossel* (Aug.-Louis de), capitaine de vaisseau, représenté avec sa fille, d'après François.

Très rare épreuve à l'eau-forte pure.

89 — Le même Portrait.

Très belle épreuve avant la lettre, la tablette blanche, toutes marges.

90 — Le même Portrait.

Très belle épreuve.

91 — *Serrurier* (J. Le), écuyer, négociant à Saint-Quentin, d'après Vallière.

Très belle épreuve, toutes marges.

COCHIN (C.-N.)

92 — *Son Portrait*, d'après lui-même, médaillon rond, par B.-L. Prévost.

Très belle épreuve, grandes marges.

93 — *Boissy* (Louis de), de l'Académie française.

Epreuve à l'eau-forte pure.

94 — Le même Portrait.

Très belle épreuve avant toutes lettres, la tablette blanche, toutes marges.

95 — *De Troy* (Jean-Fr.) le fils, peintre.

Dessin *original* à la mine de plomb, ovale. Signé au verso.

96 — *Louis XV*, médaillon entouré de fleurs et de lauriers.

Très beau *Dessin* à la mine de plomb, signé et daté 1765. A été gravé.

97 — Le même Portrait, gravé par B.-L. Prévost.

Deux très belles épreuves en états différents.

COCHIN (D'après)

98 — *Baumé* (Ant.), par Aug. de Saint-Aubin.

Très belle épreuve, avant la lettre.

99 — *Conty* (Fortunée-Marie d'Este, princesse de), médaille, par Aug. de Saint-Aubin.

Très rare épreuve du 1ᵉʳ état, avec le revers représentant l'intérieur de l'Église de Saint-Chaumont, toutes marges.

100 — *Cottereau* (J.-B.), amateur, par Mᵐᵉ Lingée.

Deux belles épreuves, dont une avant toutes lettres.

101 — *Dumont* (F.), peintre du roi, par Aug. de Saint-Aubin.

Très rare épreuve à l'eau-forte pure; plus une épreuve avec la lettre.

102 — *Falbaire de Quingey* (Fenouillot de), par Aug. de Saint-Aubin.

Très belle épreuve du 2ᵉ état, avant les noms des artistes au-dessous du trait carré.

103 — *Fréron*, par Hubert.

Deux épreuves, dont une avant l'adresse d'Esnault et Rapilly.

104 — *Gaurier* (A.), par Mᵐᵉ Lingée.

Deux épreuves, dont une avant toutes lettres.

105 — *Henri de Prusse* (le prince), par Gaucher.

Épreuve du 1ᵉʳ état, avant l'inscription sur le cadre. Très rare.

106 — Le même Portrait.

Très belle épreuve.

107 — *Le Bas* (à la mémoire de Jacques-Ph.), frontispice par Gaucher.

Très belle épreuve avant la lettre, toutes marges.

COCHIN (D'après)

108 — Le même Frontispice.
Belle épreuve.

109 — *Marigny* (le marquis de), médaillon sur un monument funèbre, par B.-L. Prévost.
Très belle épreuve du 1ᵉʳ état, avant la lettre, marges.

110 — Le même Portrait.
Très belle épreuve du 1ᵉʳ état.

111 — Le même Portrait.
Belle épreuve.

112 — *Louis XV*, entête de page pour le Traité des Horloges marines, par P.-P. Choffard.
Très belle épreuve, tirage hors texte, grandes marges.

113 — *Louis XV*, médaillon entouré des génies des Arts et de la Guerre, d'après Duvivier, entête de l'Épître dédicatoire du *Catalogue raisonné des Tableaux du roi*, par Lepicié.
Très rare épreuve à l'eau-forte pure.

114 — Frontispice avec le buste de *Mariette*, par P.-P. Choffard.
Très belle épreuve avant la lettre, toutes marges.

115 — *Moline* (P.-L.), avocat au Parlement, par Mᵐᵉ Lingée.
Très belle épreuve avant toutes lettres.

116 — Le même Portrait.
Trois épreuves en états-différents.

117 — *Renou* (A.), peintre et littérateur, par Miger.
Deux épreuves, dont une avant toutes lettres, avec des essais de burin dans la marge.

COCHIN (D'après)

118 — *Séjan* (N.), par Mme Lingée.

Deux épreuves, dont une avant toutes lettres.

119 — *Treyer* (Joseph), par Miger.

Deux épreuves, dont une à l'eau-forte pure, toutes marges.

120 — *Voisenon* (l'abbé de), par Dupin fils.

Très belle épreuve avant la lettre, les noms d'artistes à la pointe, toutes marges.

121 — Le même Portrait.

Belle épreuve, toutes marges.

122 — Chénard, — Duport, — Houel, de la Société académique des Enfants d'Apollon, gravés par Mme Lingée.

Trois pièces, très belles épreuves, toutes marges.

123 — Beaumarchais, Bitaubé, Goldoni, Lorry, de Maleteste, Marmontel, Monet, Raynal.

Dix pièces, très belles épreuves.

124 — Portraits dans des médaillons ronds, gravés par Saint-Aubin, Cathelin, Lingée, Miger, Rousseau, etc.

Vingt-quatre pièces, très belles épreuves, toutes marges.

125 — Portraits divers.

Quinze pièces.

COLLYER (J.)

126 — *Banks* (Joseph), président de la Société royale de Londres, d'après J. Russel.

Très belle épreuve en couleur, grandes marges.

COOPER (R.)

127 — *Son Portrait*, gravé par lui-même, d'après
W. Robinson.

Très belle épreuve, grande marge.

COPIA

128 — *Charlotte* et *Werther*, d'après Chodowieki.

Deux portraits sur la même feuille, belles épreuves, toutes marges.

COR (P.-L.)

129 — *Jarente* (M. de), entête de page, d'après Gabriel
de Saint-Aubin.

Belle épreuve, tirée hors texte.

COSSIN (L.)

130 — *Hacqueteau* (Marie), dame d'Orvilliers, d'après
Dieu.

Très belle épreuve, marges.

COULET (C.)

131 — Le comte d'Estaing, — J.-Auguste de Thou.

Deux pièces, très belles épreuves, toutes marges.

COUVELAY

132 — *Couvelay* (J.-B.), peintre et graveur, né à Char-
leville en 1773.

Deux épreuves en états différents. Rares.

CLAESSENS

133 — J.-Fr. de Lacroix. — Marceau, — J. Pétion. — Rabaut Saint-Étienne.

Quatre pièces avant la lettre.

134 — Personnages de la Révolution.

Soixante pièces, belles épreuves.

CRÉPY (Chez)

135 — Louis-le-Grand, roi de France ; — Philippe V, roi d'Espagne ; — la reine d'Espagne, médaillons entourés d'arabesques, in-8.

Quatre pièces, très belles épreuves.

136 — La duchesse de Bourgogne, — la princesse de Conti, — La duchesse du Maine, — la duchesse de Lorraine, — la duchesse douairière de Conty, médaillons entourés d'arabesques, in-12.

Cinq pièces, très belles épreuves.

137 — Louis, dauphin de France ; — Charles de France, duc de Berri ; — le comte de Toulouse ; — Philippe V, roi d'Espagne, médaillons avec arabesques.

Cinq pièces, très belles épreuves.

138 — Marie-Thérèse, infante d'Espagne, dauphine de France ; — Marie-Louise-Élisabeth d'Orléans, reine d'Espagne.

Deux pièces, belles épreuves.

139 — Le roi des Romains, — l'Impératrice, — le duc de Savoie, — la duchesse de Savoie.

Quatre pièces, très belles épreuves.

CRÉPY (Chez)

140 — Le cardinal de Bouillon, — le cardinal de Noailles, — l'empereur Léopold Ier, — l'Impératrice, — Charles XII, roi de Suède, — le duc de Marlborough, — l'Électeur de Cologne, etc.

Treize pièces, belles épreuves.

CROISIER (Mlle)

141 — Trois médaillons soutenus par des amours, avec portraits du duc d'*Orléans*, du duc et de la duchesse de *Chartres*.

Très belle épreuve.

DAMBRUN

142 — *Marie-Adélaïde*-Clotilde-Xavière de France, sœur du roi, d'après Quéverdo.

Très belle épreuve, toutes marges.

143 — *Miroménil* (Hue de), d'après Ravin.

Très belle épreuve, toutes marges.

DANZEL

144 — *Pierre-le-Grand*, empereur de Russie.

Très belle épreuve avant toutes lettres, la tablette blanche.

DAULLÉ (J.)

145 — *Polignac* (Melchior, cardinal de).

Très belle épreuve du 1er état avec les quatre vers, grandes marges, plus une épreuve du 2e état.

146 — *Van Dyck* (Ant.), d'après lui-même.

Très belle épreuve du 1er état, avant toutes lettres; plus une épreuve avec la lettre.

DAULLÉ (J.)

147 — Boileau, Abr. de Fabert, Fénelon, P. Chomel, P. Hecquet, Martin Pallu, Cl. Thiboust, etc.

Dix pièces, belles épreuves.

DEFRAISNE

148 — *Gustave III*, roi de Suède.

Très belle épreuve, marges.

DE GHENDT

149 — Fleuron de fin de page avec le buste de *P. Corneille*, d'après Marillier.

Très belle épreuve tirée hors texte, grandes marges.

DELATRE

150 — *Beaumarchais*, d'après Cochin, in-8.

Très belle épreuve, grandes marges.

151 — *Linguet* (S.-N.-Henri).

Très belle épreuve, grandes marges.

DE LAUNAY (N.)

152 — *Bonnard* (Bernard de), d'après Vestier.

Très belle épreuve, toutes marges.

153 — *Fontenelle*, d'après Voiriot, in-18.

Deux épreuves, dont une à l'eau-forte pure, avec retouches au crayon.

154 — *La Fontaine*, vignette-frontispice d'après Eisen, pour les *Contes de Boccace*.

Très belle épreuve.

DE LAUNAY (N.)

155 — Vignette frontispice avec portrait de *La Fontaine*
sur une pyramide, d'après Marillier, in-18.

Très belle épreuve, toutes marges.

156 — *La Fontaine*, d'après Rigault, in-18.

Très belle épreuve, toutes marges.

157 — *Louis XV*, petit médaillon soutenu par des
amours, d'après Gravelot ; entête d'une dédicace.

Très belle épreuve tirée hors texte.

158 — *Louis XV*, deux entêtes de pages pour la description de son mausolée, d'après Moreau le jeune.

Deux très belles épreuves tirées hors texte.

159 — *Tressan* (Le comte de), d'après Borel.

Très belle épreuve, toutes marges.

160 — Petits portraits de la *Collection Cazin*.

Dix-neuf pièces, très belles épreuves.

DE LAUNAY (R.)

161 — *Albouy-Dazincourt* (Joseph-J.-B.).

Très belle épreuve, toute marge.

162 — *Duquesne* (Abr.).

Très belle et rare épreuve avant toutes lettres, la tablette blanche.

163 — Le même Portrait.

Très belle épreuve, grandes marges.

164 — Frontispice avec le buste de *Fénelon*, pour les
Aventures de Télémaque, d'après Monnet.

Très belle épreuve, toutes marges.

DE LAUNAY (R.)

165 — *Graffigny* (Mme de), in-18.

Très belle épreuve avant la lettre.

166 — Entête de page avec portrait de *Louis IX*, d'après B.-L. Prevost.

Très belle épreuve tirée hors texte, toutes marges.

167 — *Voisenon* (l'abbé de), d'après Vispré, in-12.

Très belle et rare épreuve avant toutes lettres et avec la tablette ombrée avec des lignes horizontales, grandes marges.

168 — Le même Portrait.

Très belle épreuve avant la lettre, toutes marges.

169 — Portraits divers, in-8 et in-12.

Douze pièces, belles épreuves.

DELIGNON

170 — *Sophie*, maîtresse de Mirabeau, d'après Borel.

Très belle épreuve avant la lettre ; plus une épreuve avec la lettre.

DELVAUX

171 — *Saint-Non* (L'abbé de), d'après Aug. de Saint-Aubin.

Très belle épreuve, toute marge. Rare.

DESMAISONS

172 — *Housset* (Et.-J.-P.), docteur en médecine de Montpellier.

Très rare épreuve non terminée, avant l'encadrement carré et avant toutes lettres.

DESMAISONS

173 — Le même Portrait.

Deux très belles épreuves, dont une avant toutes lettres, toute marge.

DESROCHERS

174 — *Caulet* (Franç.-Et. de), évêque de Pamiers.

Très belle épreuve avant les vers.

175 — *Ménage* (Gilles).

Très rare épreuve avant toutes lettres, avec les deux cartouches blancs.

176 — *Savoie* (Henriette-Adél. de), duchesse électrice de Bavière.

Très belle épreuve, grandes marges.

177 — Louis de France, duc de Bourgogne. — Charles de France, duc de Berry.

Deux pièces, très belles épreuves.

178 — Portraits de Adr. Baillet, du Cambout de Pont-château, dom Calmet, Cl. Erard, P. de Gourné, Marie-Anne-Victoire, infante d'Espagne, Pascal, Claude Perrault, Vauban, etc.

Quinze pièces, belles épreuves.

DREVET (P.)

179 — *Orléans* (La duchesse douairière d'), portrait en tête de son Oraison funèbre.

Épreuve du 1er état, avant le texte au verso.

180 — *Tressan* (de), archevêque de Rouen, à genoux devant la Vierge, in-8.

Belle épreuve.

DREVET (P.)

181 — F. Brunet, d'après De Troy. — Cisternay du Fay, d'après Rigaud.

Deux pièces, très belles épreuves.

DUCLOS

182 — Frontispice allégorique avec portrait en buste de *Louis XV*, pour la *Bibliothèque des artistes et des amateurs*, d'après Gravelot.

Épreuve à l'eau-forte pure, avant le portrait de Louis XV. *Extrêmement rare.*

183 — Le même Frontispice.

Très belle épreuve.

DUFLOS (Cl.)

184 — *Chamillart* (Michel de).

Belle épreuve.

185 — *Geoffroy* (Jacques), abbé de Saint-Spire.

Très belle épreuve.

186 — *Marie de Sainte-Thérèse*, carmélite de Bordeaux.

Belle épreuve. Rare.

187 — *Sabran* (Mme de), tenant une colombe, d'après Vanloo.

Très belle épreuve, marge.

DUFLOS (P.)

188 — *Lisle de Sales* (De), d'après Borel.

Epreuve à l'eau-forte pure, toutes marges. Très rare.

DUFLOS (P.)

189 — Le même Portrait.

Très belle épreuve.

190 — *Motte-Geffrard* (Jean-Fr. de la).

Dessin original à la mine de plomb, sur parchemin. Signé.
On y a joint la gravure.

191 — Le même Portrait.

Épreuve avant les noms d'artistes et l'adresse, grandes marges.

192 — Portraits de Fontenelle, Malherbe, Charles Perrault, Racan.

Quatre pièces, épreuves avant toutes lettres.

193 — Boileau, Corneille, Mme Deshoulières, Fléchier, La Fontaine, Malherbe, Clément Marot, Molière, Charles Perrault, Racine, Marguerite de Valois, etc.

Seize pièces, très belles épreuves avant l'indication du tome.

194 — Portraits de la même suite.

Huit pièces.

195 — Chaulieu, Duclos, Fénelon, P. de La Broué, Moncrif, le duc de Noailles, Regnard, J.-B. Rousseau, Empereurs romains, etc.

Quarante-six pièces.

DUGOURE (J.-D.)

196 — *Buckingham* (le duc de), in-12.

Dessin original à l'encre de chine. Signé et daté 1780.
On y a joint la gravure de Le Bert.

197 — *Cinq-Mars* (Ruzé d'Effiat, marquis de), in-12.

Dessin original à l'encre de chine. Signé et daté 1780.
On y a joint la gravure de Droyer.

DUGOURE (J.-D.)

198 — *Marie de Gonzague,* femme de Ladislas IV, roi de Pologne.

> *Dessin original* à l'encre de chine. Signé et daté 1780.
> On y a joint la gravure de Droyer.

199 — Portrait d'homme.

> *Dessin original* à l'encre de chine. Signé et daté 1780.

DUHAMEL

200 — *Henri IV,* d'après Marillier.

> Quatre épreuves en états différents.

201 — *Monnoye* (Bernard de la), d'après Devosge.

> Deux épreuves, dont une avant toutes lettres et avant beaucoup de travaux.

202 — *Pompadour* (Mme de), d'après Quéverdo.

> Très belle épreuve avant la lettre, grandes marges. Rare.

203 — *Provence* (Le comte de) — La comtesse de *Pro·vence,* d'après Marillier.

> Deux pièces, très belles épreuves avant le numéro, toutes marges.

204 — *Provence* (La comtesse de), d'après Quéverdo.

> Deux portraits différents, très belles épreuves, toutes marges.

DUPIN-Fils

205 — *Bertin* (Henri-J.-B.), ministre et secrétaire d'État, d'après Roslin.

> Deux belles épreuves, dont une avant le numéro, toutes marges.

206 — *Clinton* (Sir Henri), commandant en chef de l'armée anglaise, en Amérique, d'après Smart.

> Deux belles épreuves, dont une avant le numéro.

DUPIN Fils

207 — *Crillon* (Le duc de), commandant en chef au siège de Gibraltar, d'après Desrais.

Très belle épreuve, grandes marges.

208 — *Diderot*, d'après Greuze.

Très belle épreuve avant le numéro, marges.

209 — *Dorat*, auteur de Chansons.

Superbe épreuve avant le numéro, toutes marges.

210 — Le même Portrait.

Très belle épreuve, toutes marges.

211 — *Hopkins*, commandant en chef de la flotte améri-
caine. — L'amiral *Keppel*, chef de la flotte anglaise.

Deux pièces, belles épreuves avant le numéro.

212 — *Lée* (Charles), major général de l'armée conti-
nentale.

Deux épreuves, dont une avant le numéro.

213 — *Louis XVI*, roi de France, d'après Marillier.

Très belle épreuve avant le numéro, toutes marges.

214 — *Marie-Thérèse*, impératrice d'Autriche, d'après
Ducreux.

Superbe épreuve avant le numéro, toutes marges.

215 — Le même Portrait.

Belle épreuve, toutes marges.

216 — *Marmontel* de l'Académie française, in-8. — Le
même Personnage, in-18.

Deux pièces, très belles épreuves, toutes marges.

DUPIN Fils

9 —u 217 — *Penthièvre* (le duc de), d'après Quéverdo. — Le même Portrait, avec des changements.

> Deux pièces, très belles épreuves avant le numéro, grandes marges.

218 — *Reed* (le général), còmmandant en chef de l'État de Pensylvanie, d'après Desrais. — George *Rodnay*, amiral, commandant la flotte anglaise aux Antilles.

> Deux pièces, très belles épreuves avant le numéro.

219 — *Voisenon* (l'abbé de), d'après Desrais, in-8. — Le même Personnage, d'après Cochin, in-12.

> Deux pièces, très belles épreuves.

220 — Portraits de Georges III, roi d'Angleterre, Gillet, maréchal de logis, G. de la Faye, Ant. Louis, le comte de Maurepas, Jean-Nic. Moreau, D. de la Rochefoucauld, archevêque de Rouen, J.-J. Rousseau, etc.

> Quinze pièces, belles épreuves.

DUPONCHELLE

221 — *Marie-Leckzinska*, d'après Nattier.

> Très belle épreuve avant le numéro, toutes marges.

222 — *Régnier* (Mathurin), in-18.

> Deux épreuves dont une avant toutes lettres.

223 — Th. Corneille, Honoré Jos. Méro, Philippe Quinault, le baron de Longepierre, Bernard, Jos. Saurin.

> Cinq pièces, belles épreuves.

DUPREEL

224 — *Diderot*, d'après Aubry.
Épreuve avant la lettre, tablette blanche, toutes marges.

225 — *Grécourt* (J.-B. de).
Très belle épreuve, grandes marges.

226 — *Rousseau* (J.-J.), d'après La Tour.
Deux très belles épreuves dont une avant la lettre, grandes marges.

227 — Boileau, Bossuet, Buffon, etc.
Sept pièces.

DUPUIS (C.)

228 — *Turgot* (Michel Ét.), conseiller d'État.
Trois belles épreuves, dont une avant toutes lettres.

D... (C.-V.)

229 — *Colardeau*, de l'Académie française, d'après Voiriot.
Deux très belles épreuves, dont une avant les noms d'artistes.

EDELINCK (G.)

230 — *Gourville* (Jean Hérauld, seigneur de), d'après Rigaud.
Belle épreuve, grandes marges.

231 — *Louis XIV*, roi de France.
Deux belles épreuves, des 2ᵉ et 4ᵉ états, grandes marges.

232 — *Miramion* (Mᵐᵉ de), d'après de Troy, in-8.
Très belle épreuve.

EDELINCK (C.)

10 · 233 — *Poërson* (Ch. Nic.), d'après lui-même.
Épreuve du 1ᵉʳ état, avant toutes lettres. Rare.

3 ƒ 234 — *Saint-Evremond*, in-8.
Superbe épreuve, marges.

14 235 — *Sainte-Marthe* (Claude de), d'après Jouvenet.
Trois épreuves, dont une avant les deux lignes sur la tablette et
avant la planche rognée.

20 236 — *Vassé* (Françoise de), prieure perpétuelle de St-
Gervais, d'après Largillière.
Superbe épreuve, marges. Rare.

EDELINCK (N.)

9 ƒ 237 — *Vérien* (Nic.), graveur, d'après Jouvenet.
Deux belles épreuves, dont une du 2ᵉ état avant les noms des
artistes.

FABER (Fr.-Th.)

2 ƒ 238 — *Son portrait*, gravé à l'eau-forte, par lui-même.
Très belle épreuve sur chine. Rare.

FALBE

2 239 — *Falbe*, graveur, portrait à l'eau-forte.
Belle épreuve. Rare.

FESSARD (Et.)

4 240 — *Chatelet* (Mᵐᵉ du).
Très belle épreuve. Rare.

26 241 — Frontispice, avec portrait de *Grécourt*, d'après
Eisen.
Très belle épreuve avant la lettre.
Au verso : Un très joli croquis d'Eisen, à la mine de plomb.

FESSARD (Et.)

242 — *Dorat*, Médaillon sur un mausolée, d'après Hoin.

Superbe épreuve, toutes marges.

243 — *Floncel* (Alb.), Bibliophile, d'après Regnault.

Deux très belles épreuves, dont une avant le nom sur le cadre.

244 — *Hamilton* (Ant.).

Deux épreuves, dont une avant toutes lettres.

245 — *Veyny* (M^{me}de), religieuse.

Deux épreuves avec des différences dans la lettre.

FIÉSINGER

246 — Personnages de la Révolution.

Trente-trois pièces en bistre et en noir, très belles épreuves.

FICQUET (Et.)

247 — *Arioste*, d'après Titien.

Belle épreuve du 2e état, avec les armes, la tablette blanche.

248 — Le même Portrait.

Épreuve du même état.

249 — Le même Portrait.

Trois épreuves, dont une du 4e état avant toutes lettres, la tablette blanche, mais avec les armes effacées.

250 — *Chennevière*.

Trois épreuves des 2e et 3e états.

251 — *Crébillon*, d'après Aved.

Très belle épreuve avant les noms d'artistes.

FICQUET (Et.)

252 — *Descartes*, d'après Franc Hals.

Très belle épreuve.

253 — *Eisen* (Ch.), d'après Vispré.

Très belle épreuve, grandes marges.

254 — *Fénelon*, d'après Vivien.

Très belle épreuve, marges.

255 — *La Fontaine*, des Fables.

Très belle épreuve, marges.

256 — *La Mothe-Levayer*, d'après Nanteuil.

Épreuve avant les noms d'artistes, marge.

257 — Le même Portrait.

Très belle épreuve.

258 — *Maintenon* (Mme de), d'après Mignard.

Très belle épreuve sur papier double, toutes marges.

259 — *Montaigne* (Michel de), d'après Dumoustier.

Très belle épreuve, toutes marges.

260 — *Prévost* (l'abbé), d'après Schmidt.

Deux épreuves, dont une avec l'adresse d'Odieuvre, marges.

261 — *Régnard*, d'après Rigaud.

Très belle épreuve, marge.

262 — *Rousseau* (J.-B.), d'après Aved.

Deux épreuves, dont une du 4e état, avant les contre-tailles sur le masque.

263 — *Rousseau* (J.-J.), d'après de Latour.

Épreuve du 2e état, avant beaucoup de travaux, grandes marge.

FICQUET (Et.)

264 — Le même Portrait.
Épreuve du 3e état, non terminée, avant toutes lettres, marge.

265 — Le même Portrait.
Belle épreuve du 8e état, marge.

266 — *Saugrain*, libraire.
Très belle épreuve.

267 — *Vadé*, d'après Richard.
Très belle épreuve.

268 — *Voltaire*, d'après La Tour.
Très belle épreuve.

269 — Portraits de Cicéron, Crébillon, Corneille, Molière, J.-B. Rousseau, etc.
Douze pièces.

270 — Portraits tirés de la *Vie des Peintres* de Descamps.
Quatre-vingt-treize pièces, dont huit avant le texte au verso.

271 — Berghem, Bernouilli, Chaulieu, Abr. Duquesne, la Duchesse de Fontanges, Gabrielle d'Estrées, d'Harcourt, Pierre Mignard, H. Rigaud, Réné Pucelle, J.-B. Silva, le comte de Toulouse, etc.
Trente-deux pièces, belles épreuves avec l'adresse d'Odieuvre.

272 — Portraits de la suite d'Odieuvre.
Quatorze pièces, avec l'adresse effacée.

FLIPART (J.-J.)

273 — *Favart* (J. du Ronceray, Mᵐᵉ), d'après Cochin.
Très rare épreuve à l'eau-forte pure. Dans cet état, le portrait est de format in-4.

FLIPART (J.-J.)

274 — Le même Portrait.

Très rare épreuve du 1er état avant les vers, toutes marges.

275 — Le même Portrait.

Très belle épreuve avant les notes : *Frontispice du tome* V, toutes marges.

FOSSEYEUX (J.-B.)

276 — Portraits de d'Argental, Catherine II, Dunois, Louis XIV et Louis XV, pour le Voltaire, édition de Kehl.

Cinq pièces, belles épreuves.

FRANÇOIS

277 — *Stanislas*, roi de Pologne, in-32.

Très belle épreuve, grandes marges.

GABRIELLI (A.)

278 — *Marie-Thérèse-Charlotte*, Madame, fille de Louis XVI, d'après Miéry.

Très belle épreuve en couleur.

GAILLARD (R.)

279 — *Périn*, secrétaire du maréchal de Belle-Isle, d'après Revel.

Très belle épreuve.

280 — Portraits de la suite d'Odieuvre.

Huit pièces, belles épreuves avec l'adressse.

GANTREL (Et.)

281 — *Bossuet*, évêque de Condom.

Belle épreuve. Rare.

282 — Robert de Villers, Jacques de Fieux, évêque de Tulle, Alvaret, Claude de la Chapelle, Mme Hélyot, etc.

Neuf pièces.

GARAND

283 — Grécourt. — L'abbé de Lattaignant.

Deux pièces, belles épreuves.

GAUCHER (Ch.-Et.)

284 — *Son Portrait*, gravé par son ami P. de B. ; entête des *Voyages en France*, in-12 (P. et B. 22).

Epréuve d'essai, *non décrite*, avant le nom dans la tablette et avant les mots : *Gravé par son élève et ami P. de B.* Rarissime.

285 — Le même Portrait.

Épreuve du 1er état, avant le quatrain, grandes marges.

286 — Le même Portrait.

Deux épreuves dont une avec le quatrain, mais avant les mots : *Tome IV.*

287 — *Beauharnais* (Fanny), d'après Thornton (25).

Très belle épreuve.

288 — *Bossuet*, d'après Rigaud (27).

Épreuve à l'eau-forte pure, marge.

289 — Le même Portrait.

Deux très belles épreuves, dont une avant la lettre, la tablette blanche.

GAUCHER (Ch.-Et.)

290 — *Briquet* (Fortunée-B.), d'après Mlle de Noirreterre (29).

> Très belle épreuve avant toutes lettres, la tablette blanche, marges.

291 — Le même Portrait.

> Très belle épreuve.

292 — *Buffon*, d'après Drouais, in-8 (30).

> Très belle épreuve avant la lettre, marge.

293 — Le même Personnage, in-12 (31).

> Épreuve à l'eau-forte pure, marge.

294 — Le même Portrait.

> Deux belles épreuves, dont une avant la lettre.

295 — *Cailhava* (Jean-Fr.), d'après Pujos (32).

> Épreuve à l'eau-forte pure. Très rare.

296 — Le même Portrait.

> Très belle épreuve avant la lettre, la tablette blanche.

297 — Le même Portrait.

> Très belle épreuve.

298 — *Cambefort*, major-général de l'armée de Saint-Domingue, d'après Bornet (33).

> Très belle épreuve, toutes marges.

299 — *Carcado* (La comtesse de), d'après Mlle Loir (34).

> Très belle épreuve, avant le bonnet, avec des fleurs dans les cheveux et au corsage.

300 — Le même Portrait.

> Belle épreuve.

GAUCHER (Ch.-Et.)

301 — *Catherine II*, d'après Greuze (36).

Très belle épreuve avant la légende dans la marge inférieure, grandes marges.

302 — *Cervantes*, d'après Quéverdo (38).

Deux épreuves, dont une avant la lettre, toutes marges.

303 — *Chapelle*, d'après Lebrun, pour les *Voyages en France*, in-12 (39).

Épreuve à l'eau-forte pure. Très rare.

304 — Le même Portrait.

Très rare épreuve avant la lettre, la tablette blanche et avant le mots : *Tome I* à la pointe.

305 — Le même Portrait.

Deux très belles épreuves, dont une avant la lettre.

306 — *Cochin* (A la mémoire de). Frontispice entête de l'*Iconologie*, d'après Monnet, in-12 (41).

Superbe épreuve, grandes marges.

307 — *Condé* (Le prince de), d'après Le Juste (42).

Belle épreuve.

308 — *Corneille* (Le grand), d'après Le Brun (43).

Très belle épreuve, grandes marges.

309 — *Cossé* (Timoléon de), duc de Brissac, maréchal de France, d'après Pougin de Saint-Aubin (44).

Très belle et rare épreuve avant la lettre.

310 — Le même Portrait.

Très belle épreuve, toutes marges.

311 — Le même Portrait.

Belle épreuve.

GAUCHER (Ch.-Et.)

312 — *Demoustier*, d'après Ducreux (45).

Très rare épreuve avant la lettre, la tablette blanche non entièrement terminée.

313 — Le même Portrait.

Très belle épreuve avec la lettre, mais avant la tablette ombrée. Rare.

314 — Le même Portrait.

Trois épreuves, dont une avant la réduction de la planche.

315 — *Desaix* et *La Tour-d'Auvergne*, vignette in-8 (46).

Très belle épreuve.

316 — *Diderot* de profil, d'après Greuze (49).

Épreuve d'un 1er état *non décrit*, à l'eau-forte pure.

317 — Le même Portrait.

Superbe épreuve du 1er état décrit, avant la lettre, la tablette blanche, toutes marges.

318 — Le même Portrait.

Belle épreuve, toute marge.

319 — *Du Barry* (Mme), d'après Drouais (50).

Très belle épreuve, sans marge.

320 — *Du Paty*, d'après Notté, in-12 (53).

Très belle épreuve avant la lettre, la tablette blanche.

321 — Le même Portrait.

Belle épreuve, toutes marges.

322 — *Dusaulx* (J., d'après Ducreux (54).

Deux très belles épreuves, dont une avant la lettre.

GAUCHER (Ch.-Et.)

323 — *Duveyrier*, avocat, d'après Sicardi (55). —
Belle épreuve.

324 — *Fénelon*, d'après Vivien, in-8, orné. —
Épreuve à l'eau-forte pure. Très rare.

325 — Le même Portrait. —
Très belle épreuve, grandes marges.

326 — *Fénelon*, d'après Vivien, in-8, an VI (58). —
Épreuve à l'eau-forte pure. Très rare.

327 — Le même Portrait.
Très belle épreuve, marges.

328 — *Fénelon*, très petit médaillon sur un titre des
Aventures de Télémaque, d'après Vivien (59).
Très belle et rare épreuve du 1er état avant la bordure, grandes
marges.

329 — Le même Portrait. —
Épreuve avec la bordure, tirée hors texte.

330 — Le même Portrait. —
Deux très belles épreuves, sur deux titres différents, toutes
marges.

331 — *Fénelon*, de face, d'après Vivien, in-12 (60). —
Épreuve à l'eau-forte pure, avant le nom du graveur. Très rare.

332 — Le même Portrait. —
Épreuve à l'eau-forte pure, toutes marges.

333 — Le même Portrait. —
Deux belles preuves, dont une avant la lettre.

334 — *Florian*, d'après Flouest, in-12 (61). —
Épreuve à l'eau-forte pure, marges. *Rarissime.*

GAUCHER (Ch.-Et.)

335 — Le même Portrait.

Très belle épreuve du 1er état, avec la croix de Saint-Louis.

336 — Le même Portrait, d'après Villers.

Deux épreuves, dont une très belle.

337 — *Fournier* (P.-S.), libraire et imprimeur, d'après Bichue (63).

Épreuve du 1er état, avant la lettre, les noms d'artistes à la pointe, marges.

338 — Le même Portrait.

Très belle épreuve, avant les vers, toutes marges.

339 — *Gail* (J.-B.), d'après Le Barbier, entête des *Idylles*, de Bion et Moschus, in-12 (66).

Eau-forte pure, toutes marges.

340 — Le même Portrait.

Très belle épreuve avant la lettre, la tablette blanche.

341 — Le même Portrait.

Deux épreuves avec la lettre, dont une avant la tablette ombrée

342 — *Gérard* (P.-L.). d'après Jauffret (67).

Épreuve à l'eau-forte pure, marges.

343 — Le même Portrait.

Deux épreuves, dont une très belle.

344 — *Graffigny* (Mme de), d'après Mme Helvétius (69).

Belle épreuve.

345 — *Gravelot* (H.), d'après La Tour, in-12 (70).

Très belle épreuve, grandes marges.

346 — *Gravelot* (H.), in-8.

Épreuve à l'eau-forte pure, toutes marges. Extrêmement rare.

GAUCHER (Ch.-Et.)

347 — *Gustave III*, d'après Lavreince (74).
Eau-forte pure, l'ovale seul. Très rare.

348 — Le même Portrait.
Épreuve à l'eau-forte avancée, avant l'encadrement. Très rare.

349 — Le même Portrait.
Épreuve non terminée, avant toutes lettres, la tablette blanche.
Très rare.

350 — Le même Portrait.
Très belle épreuve.

351 — *Halleï* (Edmond), astronome, d'après Philip (75).
Très belle épreuve.

352 — *Hartig* (Fr., Comte d'), d'après Kleinhart (76).
Eau-forte pure. Très rare.

353 — Le même Portrait.
Eau-forte pure, mais avec le fond ombré, grandes marges. Très
rare.

354 — Le même Portrait.
Épreuve du 1er état, la tablette blanche, avant le quatrain et les
noms d'artistes à la pointe. Rare.

355 — Le même Portrait.
Très belle épreuve.

356 — *Henri de Prusse* (Le Prince), d'après Cochin (78).
Épreuve à l'eau-forte pure. Rarissime.

357 — Le même Portrait.
Épreuve du 1er état, avant l'inscription sur le cadre. Rarissime.

358 — Le même Portrait.
Très belle épreuve, toutes marges.

GAUCHER (Ch.-Et.)

359 — *Hoën* (Pieter). In-8 (79).

Très belle épreuve du 2ᵉ état, avant la lettre, marge.

360 — *Jauffret* (L.-F.), d'après Notté (81).

Belle épreuve, grandes marges.

361 — *Jeanne d'Arc*, in-8 (82).

Eau-forte pure, marge.

362 — Le même Portrait.

Très belle épreuve avant la lettre, la tablette blanche, grandes marges.

363 — Le même Portrait.

Deux épreuves dont une avant le double cadre effacé.

364 — *Joly* (J.-P. de), d'après Garand (83).

Belle épreuve.

365 — *Joseph II*, d'après Moreau le jeune. Entête de page pour les *Annales de Marie-Thérèse* (84).

Épreuve à l'eau-forte pure, marges. Rarissime.

366 — Le même Portrait.

Épreuve du 1ᵉʳ état, tirée hors texte, toutes marges. Très rare.

367 — *Kotzébue*, d'après Bolt (85).

Deux épreuves, dont une du 1ᵉʳ état, avant la lettre, toutes marges.

368 — *La Borde* (Jean-Benjamin de), d'après Durameau (86).

Très belle épreuve tirée hors texte.

369 — Le même Portrait.

Épreuve sur le titre des *Portraits pour orner les Histoires de France*.

GAUCHER (Ch.-Et.)

370 — *La Fontaine*. Très petit médaillon (87).

Belle épreuve, toute marge.

371 — *Lantier* (E.-P.), d'après Ducreux (88).

Épreuve avant la lettre.

372 — *La Rochefoucauld*, d'après Petitot, in-12 (90).

Épreuve à l'eau-forte pure, toutes marges. Rare.

373 — Le même Portrait.

Épreuve avant la lettre, la tablette blanche, toutes marges.

374 — *Lassus* (Pierre), d'après Giraudet (91).

Eau-forte pure. Rare.

375 — Le même Portrait.

Très belle épreuve.

376 — *La Tour-d'Auvergne*, d'après Ch. Corbet (92).

Très belle épreuve, grandes marges.

377 — *Lazzerini* (Gustave), artiste du théâtre de l'Opéra-
Buffa, d'après Dufresne (93).

Épreuve avant toutes lettres. Rare.

378 — Le même Portrait.

Deux épreuves dont une avant les deux lignes de texte au des-
sous du nom, grandes marges.

379 — *Le Bas* (A la mémoire de Jacques-Phil.), graveur
du cabinet du Roi, d'après Cochin (94).

Très belle épreuve du 1ᵉʳ état, avant les deux lignes dans la marge
inférieure, toutes marges.

380 — Le même Portrait.

Très belle épreuve.

GAUCHER (Ch.-Ét.)

381 — *Lefort* (François), ambassadeur de Pierre Ier, empereur de Russie, d'après Schenk (95).

Très belle épreuve.

382 — *Le Normant du Coudray* (Charles), d'après Le Bel, in-8 (97).

Eau-forte pure, avant toutes lettres. Rare.

383 — Le même Portrait.

Très belle épreuve.

384 — *Le Normant du Coudray* (Charles), d'après Le Gay, grand in-8 (98).

Épreuve à l'eau-forte pure, le cartouche des armes en blanc, marges. Rarissime.

385 — Le même Portrait.

Très belle épreuve.

386 — *Louis - Auguste*, dauphin de France (depuis Louis XVI), d'après Gautier, in-8 (102).

Deux très belles épreuves, dont une avant les armes de France, et le privilège, toutes marges.

387 — *Malesherbes*. Pièce ronde de très petite dimension (106). — Autre Portrait d'homme de même grandeur.

Deux pièces, très belles épreuves. Rares.

388 — *Malesherbes* (Chrétien-Guill. de Lamoignon), d'après R..., in-8 (107).

Épreuve du 1er état, avant toutes lettres, la tablette blanche.

389 — Le même Portrait.

Très belle épreuve, grandes marges.

GAUCHER (Ch.-Ét.)

390 — *Marie - Antoinette*, d'après Moreau le jeune. Entête de la dédicace des *Annales de Marie-Thérèse* (110).

Épreuve à l'eau-forte pure, marges. Rarissime.

391 — Le même Portrait.

Très rare épreuve du 1er état, tirée hors texte, toutes marges.

392 — Le même Portrait.

Épreuve du 2e état, avec le texte gravé, toutes marges.

393 — *Marie-Cécile*, princesse ottomane (111).

Très rare épreuve avant la lettre, la tablette blanche, toutes marges.

394 — Le même Portrait.

Très belle épreuve, grandes marges.

395 — *Marie-Leckzinska*, d'après Nattier. Entête de la dédicace du *Nouvel abrégé chronologique de l'Histoire de France*, du président Hénault (112).

Épreuve à l'eau-forte pure dans l'encadrement terminé. Rarissime, peut être unique.

396 — Le même Portrait.

Épreuve d'essai, presque terminée, mais avec la figure encore à l'eau-forte, sans marge.

397 — Le même Portrait.

Très belle épreuve tirée hors texte, grandes marges. Rare.

398 — Le même Portrait.

Très belle épreuve tirée hors texte.

399 — *Marillac* (La Vénérable Louise de), veuve Legras, fondatrice des Filles-de-la-Charité, d'après Jauffret (113).

Très belle épreuve, toutes marges.

GAUCHER (Ch.-Et.)

400 — *Marmontel* (Jean-Fr.), de l'Académie française (114).

> Épreuve à l'eau-forte pure, avec la marge du cuivre. Très rare.

401 — Le même Portrait.

> Contre-épreuve avant la lettre, la tablette blanche, toutes marges.

402 — Le même Portrait.

> Très belle épreuve.

403 — *Métastase* (P.), d'après Steiner (115).

> Épreuve à l'eau-forte pure. Rare.

404 — Le même Portrait.

> Deux très belles épreuves, dont une avant la lettre, la tablette blanche, grandes marges.

405 — *Miranda* (Le général), d'après Lebarbier, avec une vue du bombardement d'Anvers (116).

> Eau-forte pure, grandes marges.

406 — Le même Portrait.

> Épreuve avant la lettre, les noms d'artistes à la pointe.

407 — *Monnier* (Le général), d'après Lebarbier (117).

> Très belle épreuve, toutes marges.

408 — *Montausier* (Le Duc de), d'après Ferdinand (118).

> Très belle épreuve, toutes marges.

409 — *Nicole*, d'après Philippe de Champagne (123).

> Très belle épreuve, marge.

410 — *Noyelles* (Jean-Louis, baron de Carondelet), d'après de Pasche (124).

> Très belle épreuve avant la lettre, marges. Rare.

GAUCHER (Ch.-Et.)

411 — Le même Portrait.

Belle épreuve, toutes marges.

412 — *Noyelles* (La Baronne de) (125).

Très belle et rare épreuve à l'état d'eau-forte avancée, avec les ornements à l'eau-forte pure et les médaillons contenant les armes en blanc.

413 — Le même Portrait.

Très belle épreuve avant les filets autour de la planche.

414 — Le même Portrait.

Belle épreuve avec les filets, mais avant la légende en haut et le vers de Virgile.

415 — Le même Portrait.

Belle épreuve, toutes marges.

416 — *Piis* (A.-P. de), d'après François (131).

Très rare épreuve à l'eau-forte pure, avec la marge du cuivre.

417 — Le même Portrait.

Très belle épreuve, grandes marges.

418 — *Poètes français* (132) : De Baif, Remy Belleau, Ph. Des Portes, J. du Bellay, Clément Marot, Mellin de Saint-Gelais, Ronsard.

Sept pièces à l'eau-forte pure.

419 — Poètes français.

Vingt pièces, dont neuf avant la lettre.

420 — *Racine*, d'après Santerre, in-8 orné (136).

Très belle épreuve.

421 — *Racine*, d'après Santerre, pour l'édition Pougin 1796, in-8 (137).

Très belle épreuve avant la lettre, toutes marges.

GAUCHER (Ch.-Et.)

422 — *René*, roi de Sicile, in-12 (140).

Deux épreuves, dont une avant la lettre.

423 — *Roland* (Mme), d'après Nicolet (141).

Très belle épreuve, grandes marges.

424 — *Rousseau* (J.-J.), d'après Vécharigi, in-4 (142).

Très belle épreuve, avec l'adresse de Joullain, toutes marges.

425 — Le même Portrait.

Quatre épreuves avec changements d'adresses.

426 — *Saint-Marc* (Jean-Paul-André de), d'après le tableau de Thomire (143).

Épreuve avant la lettre, le portrait et les ornements ne sont pas terminés, remargée. Très rare.

427 — Le même Portrait.

Très belle épreuve avec le nom dans la tablette, grandes marges.

428 — Le même Portrait, la tête modifiée, d'après Danloux.

Très belle épreuve avec les armes et l'année 1773.

429 — Le même Portrait.

Épreuve avec l'année effacée, grandes marges.

430 — *Sicard* (Roch-Ambr.), Instituteur des sourds-muets, d'après Jauffret (145).

Très rare épreuve à l'eau-forte pure.

431 — Le même Portrait.

Très belle épreuve, toutes marges.

432 — *Suisses* (Portraits de personnages) (147).

Six pièces, dont une tirée hors texte.

GAUCHER (Ch.-Et.)

433 — *Tibulle*, portrait sur un mausolée (148).
> Très belle épreuve.

434 — *Vergennes* (le comte de), d'après Callet, in-8,
orné (151).
> Très belle épreuve, toutes marges.

435 — *Vincent de Paul* (Saint), d'après Jauffret (152).
> Deux très belles épreuves, dont une avant la lettre.

436 — *Villette* (Charles), député à la Convention (153).
> Belle épreuve.

437 — Portrait d'homme, de face.
> Épreuve à l'eau-forte pure et une contre-épreuve. *Non décrit.*

438 — Boufflers, Fénelon, Lantier, le marquis de Mont-
mirail, Newton, Pascal, de Piis, Racine, Soret, Tu-
bières de Caylus, évêque d'Auxerre, etc.
> Vingt-trois pièces.

GAUTIER

439 — *Palissot* (Ch.), d'après Odevaëre.
> Deux épreuves, dont une avant toutes lettres.

GIFFART (P.)

440 — *Le Pelletier* (Jacques), écuyer, avocat au Parlement.
> Très belle épreuve.

441 — *Louis XV*, étant jeune.
> Très belle épreuve.

442 — *Mabillon* (Dom Jean), né au diocèse de Reims.
> Très belle épreuve, toute marge.

GIRAUD (E.-A.)

443 — *Marie-Henriette* de France (Mme), d'après Nattier.
Belle épreuve, grandes marges.

GOULET (S.)

444 — *Suffren* (P. A. de), vice-amiral de France, d'après
Fontaine.
Très belle épreuve.

GRATELOUP (J.-B.)

445 — *Bossuet*, en pied, d'après Rigaud.
Très belle épreuve sur chine, manque un demi-centimètre en bas.

446 — *Dryden* (J.), d'après Kneller.
Très belle épreuve.

GRATELOUP (S.)

447 — *Napoléon Ier*, camée, d'après Droz.
Très belle épreuve, sur chine.

GUÉLARD (J.-B.)

448 — *Lesage* (Alain-René).
Deux belles épreuves, dont une avec l'adresse.

GUTTENBERG

449 — *Nicolaï* (L. H. de), d'après Viollier.
Très belle épreuve, grandes marges.

HABERT (N.)

450 — Mme Le Gras, fondatrice et première supérieure des Filles de la Charité. — La R. M. Marie des Anges Suyreau, abbesse de Port-Royal.

Deux pièces, très belles épreuves.

451 — Ant. Arnaud, Jean Burlugay, Choart de Buzanval, évêque de Beauvais; Fr. Chanciergues, F. Feu, curé de Saint-Gervais; N. Feuillet, Germ. Gillot, Lenain de Tillemont, Nic. Malebranche, N. Pavillon, évêque d'Alet; J. du Verger de Hauranne, abbé de Saint-Cyran; Savonarole, Le Tourneux, etc.

Trente-deux pièces, belles épreuves.

HALLER (de)

452 — *Haüy* (Valentin), auteur de la manière d'instruire les aveugles.

Belle épreuve, toutes marges. Rare.

HAZARD (James)

453 — *Son Portrait*, gravé à l'eau-forte par lui-même, in-8.

Belle épreuve. Très rare.

HELMAN

454 — *Provence* (la comtesse de), entête de page, d'après Monnet.

Belle épreuve tirée hors texte; remargée.

HENRIQUEZ (B.-L.)

455 — *Mercier* (Louis-Séb.), d'après Pujos.

Quatre épreuves avec différences dans la lettre.

HIVENNE (J.-P.)

456 — Abraham Duquesne, Abr. de Fabert, Jean de Gassion, le maréchal de Luxembourg, le comte de Pagan, Turenne.

Six pièces, très belles épreuves, toutes marges.

457 — Antoine Arnaud, le cardinal de Bérulle, J.-P. Camus, évêque de Belley, Jean de Launay, Le Nain de Tillemont, Pierre de Marca, le cardinal d'Ossat, Richelieu, J.-B. Santeul, Sponde, évêque de Pamiers, Jérôme Viguier, de l'Oratoire.

Onze pièces, très belles épreuves, toutes marges.

HOUBRAKEN

458 — Portraits divers.

Quatorze pièces avant la lettre.

459 — Partie de son œuvre.

Cent-trente-six pièces, belles épreuves.

HOUSMAN

460 — *Marie-Adelaïde* de France, princesse de Piémont, d'après Renold.

Très belle épreuve, grandes marges.

HUBERT (F.)

461 — *Cossé* (le maréchal de), duc de Brissac, d'après Pougin de Saint-Aubin.

Deux belles épreuves, dont une avant l'adresse d'Esnault et Rapilly, toutes marges.

462 — *Duguay-Trouin*, d'après Graincourt.

Epreuve à l'état d'eau-forte avancée, toutes marges.

HUBERT (F.)

463 — *Fénelon*, d'après Vivien.
Épreuve avant toutes lettres, la tablette blanche. Rare.

464 — Le même Portrait.
Épreuve avant toutes lettres, la tablette ombrée d'une seule taille toutes marges. Rare.

465 — Le même Portrait.
Deux épreuves, dont une avant la lettre, toutes marges.

466 — *Fréron* (E.-C.), d'après Cochin.
Très belle épreuve, toutes marges.

467 — *Gustave IV*, roi de Suède.
Épreuve avant toutes lettres, grandes marges.

468 — *La Chalotais* (Caradeuc de), d'après Quéverdo.
Deux belles épreuves, dont une avant le numéro.

469 — *La Motte* (Gabr. d'Orléans de), évêque d'Amiens.
Belle épreuve, grandes marges.

470 — *La Roche-Aymon* (Charles-Ant. de), archevêque de Reims, d'après Colin.
Belle épreuve, grandes marges.

471 — *Le Roy*, horloger, d'après Péronneau.
Deux épreuves, dont une avant toutes lettres.

472 — *Louis XVI. — Marie-Antoinette.*
Deux belles épreuves avant le numéro, toutes marges.

473 — *Marie-Antoinette*, d'après Quéverdo.
Belle épreuve, toutes marges.

474 — *Orléans* (Louis-Philippe duc de), père de Philippe-Égalité.
Très belle épreuve avant le numéro, grandes marges.

HUBERT (F.)

20 — 475 — *Panard* (Ch.-Fr.), chansonnier, in-12.

Trois épreuves, dont une avant toutes lettres.

476 — *Provence* (la comtesse de), d'après Drouais.

Belle épreuve, toutes marges.

477 — Jean Bart, le duc de Beaufort, le duc de Brézé, le maréchal de Chateauregnault, le maréchal de Coetlogon, Duguay-Trouin, Duquesne, le maréchal d'Estrées, le marquis de l'Étanduère, le comte de Forbin, La Bourdonnais, de la Galissonnière, le chevalier de la Roche-Saint-André, le comte de Toulouse, Tourville, le chevalier de Valbelle, le maréchal de Vivonne, d'après Graincourt.

Dix-huit pièces avant la lettre, toutes marges.

478 — Les mêmes Portraits.

Dix-huit pièces, belles épreuves, toutes marges.

HUOT (F.)

479 — *Frédéric II*, roi de Prusse, d'après Ramberg.

Très belle épreuve, toutes marges.

INGOUF le jeune

480 — *La Lande* (Jérôme de), d'après Pujos.

Deux belles épreuves, dont une avant l'adresse.

481 — *Laporte* (Joseph de), d'après Pougin de Saint-Aubin.

Deux épreuves dont une avant l'adresse, grandes marges.

482 — *Miniac* (le Comte de), d'après Vestier.

Très belle épreuve avant la lettre, grandes marges.

INGOUF le jeune

483 — *Rousseau* (J.-J.), d'après Marillier, in-18.

Deux épreuves, dont une du 1er état avant que le cadre ait été agrandi.

484 — *Sartine* (Ant.-R. de), lieutenant de police, d'après Vigée.

Très belle épreuve, toutes marges.

485 — Collection des Poëtes français, in-12.

Vingt-cinq pièces avant la lettre, grandes marges.

486 — Portraits de la même collection.

Trente-six pièces, belles épreuves.

487 — Le frère Côme, Crébillon, Marivaux, Xénophon, etc.

Neuf pièces.

JAGER (J.-G.)

488 — *Paul Petrowitz*, grand-duc de Russie, et *Marie Fedeorowna*, de Wurstemberg, in-12.

Très belle épreuve, grandes marges.

JANINET

489 — *Bertin* (Mlle), marchande de modes de Marie-Antoinette, in-8.

Epreuve en couleur de la plus grande fraîcheur, très grandes marges. Excessivement rare.

490 — *Saint-Huberti* (Mme de), de l'Académie royale de musique, profil d'après Lemoine.

Superbe et très rare épreuve en couleur, avant toutes lettres, marge.

JONGELINX (J.-P.)

491 — *Philibert I*er, duc de Savoie.

Très belle épreuve.

Plus le *Dessin original*, de même grandeur, à la plume lavé d'encre de chine.

JOULLAIN (F.)

492 — *Du Fresny* (Charles-Rivière), d'après Coppel, in-8°.

Deux épreuves, dont une avant toute lettre.

493 — Le même Portrait.

Deux épreuves dans les mêmes états.

JULLIN (P.)

494 — *Frédéric II*, roi de Prusse, d'après Desrais.

Très belle épreuve avant la lettre.

495 — Le même Portrait.

Très belle épreuve, grandes marges.

KILIAN

496 — *Kilian* (Lucas), graveur, très petit Portrait au milieu d'une guirlande de fleurs.

Très belle épreuve. Rare.

KLAUBER

497 — *Cook* (Jacques), d'après Dance.

Très belle épreuve, grandes marges.

498 — *Pierre I*er, empereur de Russie.

Très belle épreuve, toute marge.

KLAUBER

499 — Le Baron de Loudon, Amédée de Savoie, le Prince
de Saxe-Cobourg, etc.

Dix-huit pièces.

LA LIVE DE JULLY

500 — *Maintenon* (la Marquise de), in-8.

Superbe épreuve, toutes marges.

LANDRY (P.)

501 — *Louis XIV. — Marie-Thérèse* d'Autriche.

Deux pièces, très belles épreuves.

502 — *Manesson-Mallet*, ingénieur des Camps et Armées
du Roy.

Deux épreuves, dont une du 1er état avec les vers. Signé de P.
Mariette.

503 — L. Potier de Gèvres, Le Clerc du Tremblay,
Marg. de Gondy, J. de Bernières Louvigny, Henri IV,
Ph. Thibaud, De Queriolet, Du Verger de Hau-
ranne, etc.

Treize pièces, belles épreuves.

LANGLOIS (N.)

504 — *Biscot* (Jeanne), fondatrice et première supérieure
de la Société des Filles de Sainte-Agnès, d'Arras.

Très belle épreuve, marges.

LANGLOIS (P.-G.)

505 — *Chatelet* (la Marquise du), d'après Mlle Loir.

Belle épreuve, toutes marges.

LARMESSIN (de)

506 — *Danes* (Pierre), évêque de Lavaur.

Très belle épreuve, grandes marges.

507 — *Duguay-Trouin.*

Très belle épreuve.

LASNE (M.)

508 — *Callot* (Jacques), graveur.

Très belle épreuve, grandes marges.

509 — *Créquy* (Charles, sire de).

Deux épreuves, dont une avant l'encadrement. Très rare.

510 — *Patin* (Guy), médecin.

Deux belles épreuves, dont une du 1ᵉʳ état, avant la lettre changée, et la planche rognée.

511 — *Rabelais* (François), docteur en médecine.

Très belle épreuve.

512 — *Villeroy* (Nicolas de Neufville, seigneur de), Conseiller d'État.

Très belle épreuve, grandes marges.

513 — Le P. Bernard, le Sire de Créquy, Sam. Durand,
Lebarbier, Nic. Le Jay, Corneille, Jean-Fr. de Gondy, Guy Patin, Richelet, etc.

Vingt-sept pièces.

LAURIE (R.)

514 — Portrait de Femme de profil, d'après Hamilton.

Très belle épreuve, toutes marges.

LE BEAU (Collection de)

515 — *Son Portrait*, gravé par lui-même, in-18.
Très belle épreuve. Rare.

516 — *Aligre* (François, d'), premier Président, par
Hubert.
Deux pièces, dont une avant le numéro.

517 — *Artois* (Charles-Philippe, Comte d'), par Dupin,
Hubert et Le Beau.
Trois pièces, belles épreuves.

518 — *Artois* (la Comtesse d'), par Hubert.
Très belle épreuve avant le numéro, toute marge.

519 — Le même Personnage, par Le Beau.
Très belle épreuve avant le numéro, toute marge.

520 — *Assas* (le Chevalier d'), par Dupin.
Belle épreuve avant le numéro, toute marge.

521 — *Bart* (Jean), chef d'escadre.
Très belle épreuve avant le numéro, grandes marges.

522 — *Beaumarchais*, par Delatre.
Très belle épreuve, grandes marges.

523 — *Beaumont* (Christophe de), archevêque de Paris,
par Hubert.
Très belle épreuve avant le numéro, toute marge.

524 — *Belloy* (Pierre-Laur. de), par Le Beau, d'après
Desrais.
Très belle épreuve avant le numéro, toute marge.

525 — *Bertin* (J.-B.), ministre et secrétaire d'État, par
Dupin.
Deux épreuves, dont une avant le numéro.

LE BEAU (Collection de)

526 — Le même Personnage, par Cathelin, in-4.

Deux très belles épreuves, dont une du 1ᵉʳ état avec l'adresse de Bligny.

527 — *Biron* (L.-A. de Gontaut, Duc de), maréchal de France.

Très belle épreuve avant le numéro, toute marge.

528 — *Bossuet*, par Le Beau.

Deux portraits différents, belles épreuves.

529 — *Bourbon* (la Duchesse de), par Le Beau, d'après Le Noir, in-4.

Très belle épreuve. Rare.

530 — *Boussard* (Jean), garde pavillon de la jetée du port de Dieppe, par Benoît, in-4.

Très belle épreuve, toute marge.

531 — *Broglie* (Victor-Fr. de), par Le Beau.

Très belle épreuve avant le numéro, toute marge.

532 — Le même Personnage.

Deux portraits différents, toute marge.

533 — *Cagliostro* (le Comte de), par Duhamel.

Belle épreuve, toute marge.

534 — *Catherine II*, impératrice de Russie.

Très belle épreuve avant le numéro, toute marge.

535 — *Charles-Emmanuel*, prince de Piémont.

Trois portraits différents, très belles épreuves avant le numéro, toute marge.

536 — *Charles III*, roi d'Espagne, par Barbié.

Deux épreuves, dont une avant le numéro, toute marge.

LE BEAU (Collection de

537 — *Charles XII*, roi de Suède.

> Deux très belles épreuves, dont une avant le numéro.

538 — *Choiseul* (Ét.-Fr., Duc de), par Le Beau, d'après Marillier.

> Très belle épreuve avant le numéro, grandes marges.

5 — Le même Personnage, par De Launay, d'après Vanloo, in-4.

> Très belle épreuve avant les vers, grandes marges.

540 — Le même Portrait.

> Belle épreuve avec les vers, toute marge.

541 — Le même Personnage, sans noms d'auteurs, in-4.

> Belle épreuve.

542 — *Clairon* (Mlle), médaille par Littret.

> Belle épreuve.

543 — *Colardeau*, de l'Académie française, par Pruneau.

> Deux très belles épreuves, dont une avant le numéro, toute marge.

544 — *Colbert* (J.-B.), par Dupin, d'après Champagne.

> Deux épreuves, dont une avant le numéro.

545 — *Condé* (Louis-Joseph de Bourbon, Prince de), d'après le tableau de Le Noir, in-4.

> Superbe épreuve avant le numéro, toute marge.

546 — Le même Personnage, par Vangelisty, in-8.

> Deux très belles épreuves, dont une avant le numéro, toute marge.

547 — Le même Personnage, plus âgé, par Le Beau, in-8.

> Très belle épreuve avant le numéro, toute marge.

LE BEAU (Collection de)

548 — Le même Portrait, gravé en contre-partie.

Trois épreuves en états différents, toute marge.

549 — *Conti* (Louis-Fr., Prince de), grand prieur de France, par Le Beau.

Superbe épreuve avant le numéro et avant l'adresse, toute marge.

550 — Le même Portrait.

Deux très belles épreuves, dont une avant le numéro, toute marge

551 — *Cook* (le capitaine), gr. in-8.

Épreuve avant toutes lettres, grandes marges Rare.

552 — Le même Portrait.

Très belle épreuve avant le numéro.

553 — *Cossé* (J.-P.-Timoléon de), duc de Brissac, premier maréchal et grand panetier de France, par Le Beau.

Superbe épreuve avant le numéro, toute marge.

554 — Le même Personnage, de face, gravé par Gaucher, d'après Pougin de Saint-Aubin, avec une vue de l'Hôtel-de-Ville, in-4.

Superbe épreuve avec l'adresse de Bligny et avant le numéro, toute marge.

555 — Le même Portrait.

Deux belles épreuves, dont une avant le numéro, toutes marges.

556 — Le même Personnage, par Hubert.

Belle épreuve avant le numéro, toute marge.

557 — Le même Personnage, gravé par Duval.

Belle épreuve avant le numéro, toute marge.

LE BEAU (Collection de)

558 — *Crillon* (le duc de), commandant en chef au siège de Gibraltar, par Dupin.

Deux très belles épreuves, dont une avant le numéro.

559 — *Déon de Beaumont* (la chevalière), en capitaine de dragons, par Le Beau, d'après Desrais.

Deux très belles épreuves, dont une avant le numéro, grandes marges.

560 — Le même Personnage, copie en contre-partie.

Belle épreuve, toute marge.

561 — Le même Personnage, en femme, par Letellier.

Belle épreuve, toute marge.

562 — Le même Personnage en femme.

Deux portraits différents, sans noms d'artistes, toute marge.

563 — *Desbrosses* (Mlle), actrice de la Comédie italienne, par Le Beau, d'après Binet.

Très belle épreuve avant le numéro, toute marge.

564 — Le même Portrait.

Très belle épreuve, toute marge.

565 — *Desbrosses* (Mlle), dessinée et gravée par Le Beau.

Très belle épreuve avant le numéro, grandes marges.

566 — *Diderot*, par Dupin fils, d'après Greuze.

Très belle épreuve avant le numéro.

567 — Le même Portrait.

Belle épreuve, toute marge.

568 — *Diderot*, par Benoît, d'après Greuze.

Très belle épreuve, toute marge.

LE BEAU (Collection de)

569 — *Diderot*, par Le Beau, d'après Binet.

Très belle épreuve avant le numéro, toute marge.

570 — *Dorat*, par Dupin.

Très belle épreuve, grandes marges.

571 — *Du Barry* (la comtesse), par Gaucher, d'après Drouais.

Très belle épreuve, toute marge.

572 — *Du Barry* (la comtesse), par Le Beau, d'après Marilly.

Superbe épreuve avant le numéro, toute marge.

573 — Le même Portrait.

Très belle épreuve, toute marge.

574 — *Du Barry* (Mme), sans noms d'artistes, in-8.

Très belle épreuve avant le numéro, toute marge.

575 — *Du Barry* (Mme), de face, in-4.

Très belle épreuve, toute marge.

576 — *Dugazon* (Mme), par Le Beau.

Très belle épreuve avant le numéro, grandes marges.

577 — *Élisabeth-Philippe* de France, sœur de Monseigneur le dauphin, par Le Beau, d'après Fontaine.

Superbe épreuve du 1er état avant le numéro et avant que le portrait ait été diminué de grandeur, toute marge.

578 — Le même Portrait.

Très belle épreuve, le portrait plus petit, mais avant le numéro, toute marge.

579 — Le même Personnage, par Romanet.

Très belle épreuve avant le numéro, grandes marges.

LE BEAU (Collection de)

580 — *Estaing* (le comte), par Coulet, d'après d'Haisne.

Belle épreuve avant le numéro, toute marge.

581 — Le même Personnage, portrait différent, sans noms d'artistes.

Très belle épreuve.

582 — *Évreux* (Ch. de La Tour d'Auvergne, comte d'), par Le Beau.

Deux belles épreuves, dont une avec de grandes marges.

583 — *Fénelon*, par Le Beau.

Deux belles épreuves, dont une avant le nom de l'artiste et l'adresse, grandes marges.

584 — *Ferdinand IV*, roi de Naples et de Sicile, par Le Beau.

Très belle épreuve avant le numéro, toute marge.

585 — *Franklin* (Benjamin), par Le Beau, d'après Des-rais.

Belle épreuve avant le numéro.

586 — Le même Personnage; deux portraits différents; d'après Marin.

Belles épreuves, toute marge.

587 — *Frédéric-Guillaume*, prince royal de Prusse, par Le Beau, d'après Desrais.

Trois belles épreuves, dont une avant le numéro, toute marge.

588 — *Frédéric-Henri-Louis*, frère du roi de Prusse, par Devère.

Deux épreuves, dont une avant l'adresse du graveur, toute marge

589 — *Freron*, par Hubert, d'après Cochin.

Très belle épreuve, toute marge.

LE BEAU (Collection de)

590 — *Gabrielle d'Estrées*, duchesse de Beaufort.

Très belle épreuve, grandes marges.

591 — *Gerbier* (P.-J.-B.), avocat au Parlement de Paris, par Le Beau, d'après Pujos.

Très belle épreuve avant le numéro, toute marge.

592 — *Gessner*, gr. in-8.

Très belle épreuve, sans noms d'artistes avant le numéro, toute marge.

593 — *Guichen* (le comte de), lieutenant-général des armées navales de France, par Hardouin.

Superbe épreuve avant le numéro, toute marge.

594 — *Hallé* (Noël), peintre du roi.

Très belle épreuve avec l'adresse de Bligny, toute marge.

595 — *Helvétius*, d'après Vanloo; deux portraits différents.

Belles épreuves, toute marge.

596 — *Hénault* (le président), par Le Beau et Littret.

Deux très belles épreuves, toute marge.

597 — *Henri IV*, par Duhamel, d'après Marillier.

Trois épreuves en états différents, dont deux avant le numéro, toute marge.

598 — *Joseph II*, par Le Beau, d'après Falbe, in-4.

Très belle épreuve avant le numéro, toute marge.

599 — Le même Personnage; deux portraits différents, in-8.

Quatre épreuves, dont deux avant le numéro.

LE BEAU (Collection de)

600 — *La Chalotais*, procureur général au Parlement de Bretagne, par Hubert, d'après Quéverdo.

Deux épreuves, dont une avant le numéro, toute marge.

601 — *La Fontaine*, par Dupin.

Belle épreuve, grande marge.

602 — *La Harpe*, de l'Académie française; deux portraits différents.

Belles épreuves avant le numéro, grandes marges.

603 — *Lalande* (Jérôme de), par Dupin, d'après Pujos.

Deux épreuves en état différent, grandes marges.

604 — *La Motte* (L.-Fr. d'Orléans de), évêque d'Amiens, par Hubert.

Belle épreuve, grandes marges.

605 — *La Motte-Piquet*, chef d'Escadre.

Épreuve avant toutes lettres, l'ovale seulement. Rare.

606 — Le même Portrait.

Belle épreuve, toute marge.

607 — *La Motte-Piquet*, par Hardouin, in-4.

Très belle épreuve avant le numéro, toute marge.

608 — *La Roche-Aymon* (Ch.-Ant. de), archevêque de Reims, par Hubert.

Très belle épreuve avant le numéro, grandes marges.

609 — *La Rochefoucauld* (Dom. de), archevêque de Rouen, par Dupin.

Belle épreuve avant le numéro, grandes marges.

LE BEAU (Collection de)

610 — *La Vrillière* (Louis-Phélippeaux, duc de), par Le Beau, d'après Marillier.

Deux très belles épreuves dont une avant la planche rognée en bas.

611 — Le même Personnage, par Lévesque, in-4.

Très belle épreuve.

612 — *Leclerc de Juigné* (Ant.-E.), archevêque de Paris, par Le Beau et Plée.

Deux belles épreuves avant le numéro, toute marge.

613 — *Le Noir*, lieutenant-général de police.

Deux très belles épreuves, dont une avant le numéro et l'adresse toute marge.

614 — *Léopold II*, roi de Hongrie et de Bohême.

Très belle épreuve sans noms d'artistes et avant le numéro, toute marge.

615 — *Le Pelletier de Saint-Fargeau*, député à la Convention, in-4.

Très belle épreuve, toute marge.

616 — *Lescot* (Mlle), de la Comédie italienne, in-4.

Superbe épreuve sans noms d'artistes, toute marge.

617 — *Lescot* (Mlle), in-8.

Superbe épreuve avant le numéro, grandes marges.

618 — Le même Portrait.

Très belle épreuve.

619 — *Lhopital* (Michel de), in-8.

Épreuves avant toutes lettres.

LE BEAU (Collection de)

620 — *Linguet* (S.-N.-Henri), par Delattre.
    Deux belles épreuves, dont une avant le numéro, toute marge.

621 — *Louis* (Ant.), chirurgien, par Lebeau et Dupin.
    Deux pièces avant le numéro, toute marge.

622 — *Louis XIV*, roi de France.
    Deux très belles épreuves, dont une avant le numéro, grandes marges.

623 — *Louis XV*, roi de France, par Le Beau, d'après Quéverdo.
    Deux très belles épreuves avant le numéro, dont une d'un premier état avec le ciel clair et avant la planche rognée du bas, grandes marges.

624 — *Louis XV*, dessiné et gravé par Le Beau, avec la vue de la Place Louis XV.
    Deux très belles épreuves, dont une d'un 1er état avec le cadre décoré de fleurs de lys et le portrait tout à fait différent.

625 — Le même Portrait, copie par Hubert.
    Deux épreuves, dont une avant le numéro, toute marge.

626 — *Louis de France*, dauphin, fils de Louis XV, par Delattre, d'après Van Loo.
    Très belle épreuve, avant le numéro, toute marge.

627 — *Louis-Auguste*, dauphin de France, par Gaucher.
    Très belle épreuve avant le numéro, toute marge.

628 — *Louis-Auguste*, dauphin de France, médaillon entouré de lys et de roses.
    Superbe épreuve sans noms d'artistes, toute marge.

LE BEAU (Collection de)

629 — Le même Portrait.

Très belle épreuve du même état, imprimée en rouge, toute marge.

630. — *Louis-Auguste*, dauphin de France, médaillon avec les attributs des arts et des sciences.

Deux très belles épreuves, avant l'adresse, dont une imprimée en rouge, toute marge.

631 — Le même Portrait.

Deux épreuves, dont une avec les vers effacés et le nom remplacé par : *Louis XVI, roi de France*, toute marge.

632 — *Louis XVI*, très petit médaillon, avec entourage orné, gravé par Mlle Savart, in-12.

Deux très belles épreuves, dont une avant le numéro, toute marge

633 — Le même Portrait.

Deux épreuves, dont une avec le portrait remplacé par un autre plus âgé.

634 — *Louis XVI*, roi de France, médaillon orné, in-8.

Deux très belles épreuves, dont une avant le numéro, toute marge.

635 — *Louis XVI*, par Dupin, d'après Marillier.

Très belle épreuve avant le numéro, toute marge.

636 — *Louis XVI*, par Hubert.

Deux portraits différents, très belles épreuves avant le numéro, toute marge.

637 — *Louise-Marie* de France, par Le Beau, d'après Quéverdo.

Deux très belles épreuves, dont une avant le numéro, toute marge.

638 — Le même Personnage.

Deux portraits différents, toute marge.

LE BEAU (Collection de)

639 — *Lowendal* (Wold. de), maréchal de France, par
Le Beau.

Deux belles épreuves, dont une avant le numéro.

640 — Le même Personnage, portrait différent.

Deux épreuves, dont une avant toutes lettres.

641 — *Maillard* (Mlle), de l'Académie royale de musique.

Très belle épreuve avant le numéro, toute marge.

642 — *Mancini* (duc de Nivernais), par Hubert, d'après
Vigié.

Très belle épreuve avant le numéro, toute marge.

643 — *Marie-Adelaïde* de France, sœur du roy, par
Voyez, d'après Fontaine.

Très belle épreuve avant le numéro, et avant les mots : *Mariée à
Chambéry*, toute marge.

644 — Le même Portrait.

Très belle épreuve, toute marge.

645 — *Marie-Adelaïde* Clotilde Xavière de France,
sœur de M. le Dauphin, par Lebeau, d'après Fontaine.

Superbe épreuve avant le numéro, toute marge.

646 — *Marie-Adelaïde* de France, princesse de Piémont, par Housmann.

Très belle épreuve avant le numéro, toute marge.

647 — *Marie-Antoinette*, reine de France. — *Louis XVI ;*
deux médaillons en regard, entourés de guirlandes
de roses, in-4.

Très belle épreuve, imprimée en rouge, toute marge.

LE BEAU (Collection de)

648 — *Marie-Antoinette — Louis XVI*; deux portraits in-12, par Le Beau, sur la même planche.

Très belle épreuve avant le numéro, toute marge.

649 — Les mêmes Portraits.

Très belle épreuve, toute marge.

650 — *Marie-Antoinette*, dauphine de France, de profil, par Le Beau, d'après Marillier.

Très belle et rare épreuve du 1er état avec les vers, toute marge.

651 — Le même Portrait.

Belle épreuve avec les mots : *Sœur de l'Empereur, reine de France*, et avec les vers effacés, toute marge.

652 — *Marie-Antoinette*, dauphine de France, presque de face.

Très belle épreuve, avant le privilège.

653 — Le même Portrait.

Belle épreuve, toute marge.

654 — *Marie-Antoinette*, reine de France, par Voyez, d'après Vanloo.

Très belle épreuve avant le numéro, toute marge.

655 — *Marie-Antoinette*, par Dupin.

Belle épreuve avant le numéro, toute marge.

656 — *Marie-Antoinette*, de profil, avec une haute coiffure, par Le Beau.

Très belle épreuve, toute marge.

657 — *Marie-Antoinette*, par Hubert, d'après Quéverdo.

Belle épreuve, toute marge.

LE BEAU (Collection de)

658 — *Marie-Antoinette,* reine de France, de face, avec une haute coiffure, dessinée et gravée par Le Beau.

Superbe épreuve avant le numéro, toute marge. Rare.

659 — Le même Portrait.

Belle épreuve, toute marge.

660 — *Marie-Henriette* de France, d'après Nattier.

Très belle épreuve avant le numéro, toute marge.

661 — *Marie-Leckzinska,* reine de France, par Duponchelle, d'après Nattier.

Très belle épreuve avant le numéro, toute marge.

662 — *Marie-Thérèse,* reine de Hongrie et de Bohème, par Le Beau.

Très belle épreuve avant le numéro, toute marge.

663 — Le même Portrait.

Très belle épreuve du même état, tirée en rouge, toute marge.

664 — *Marie-Thérèse,* par Dupin, d'après Ducreux.

Très belle épreuve avant le numéro, et avant que la planche ait été rognée en haut.

665 — Le même Portrait.

Deux belles épreuves, dont une avant le numéro, toute marge.

666 — *Marmontel,* par Dupin fils, d'après Cochin.

Deux belles épreuves, dont une avant le numéro, toute marge.

667 — Le même Personnage.

Deux portraits in-8 et in-12, très belles épreuves, toute marge.

668 — *Maupéou* (le chancelier), par Cathelin, in-4.

Deux épreuves, dont une avec la première adresse et avant le numéro.

LE BEAU (Collection de)

669 — Le même Personnage ; deux portraits différents, par Le Beau, in-8.

Trois belles épreuves, dont deux avant le numéro, toute marge.

670 — *Maurepas* (Jean-Fr.-Phelipeaux, comte de), par Dupin.

Deux épreuves avec différences.

671 — *Mirabeau*, l'Ami des hommes, par Thomas, in-4.

Deux épreuves, dont une avant la lettre, toute marge.

672 — *Miroménil* (Hue de), par Le Beau, in-4.

Deux très belles épreuves, dont une avant les vers.

673 — Le même Personnage, par Dambrun, Delvaux et Hubert, in-8.

Trois belles épreuves avant le numéro, toute marge.

674 — *Montbarey* (le prince de), ministre et secrétaire d'État, par Pruneau.

Deux belles épreuves, dont une avant le numéro, toute marge.

675 — *Monteynard* (le marquis de), secrétaire d'État, in-4.

Très belle épreuve.

676 — *Montgolfier* (Jos. de), par Le Beau, d'après Binet.

Très belle épreuve, toute marge.

677 — Le même Portrait, gravé par le même, en contre-partie.

Très belle épreuve, toute marge.

678 — *Necker*, par différents graveurs, in-4 et in-8.

Dix-huit pièces, belles épreuves.

LE BEAU (Collection de)

679 — *Orléans* (le duc d'), père de Philippe-Égalité, par
Hubert.

Deux épreuves, dont une avant le numéro.

680 — Le même Personnage, par Le Beau, d'après
Delorme, in-4.

Très belle épreuve, toute marge.

681 — *Paul Pétrowitz*, par Le Beau, d'après Voille,
in-8.

Très joli portrait, grandes marges.

682 — Le même Personnage, par Le Beau, in-4.

Très belle épreuve, toute marge.

683 — Le même Personnage.

Deux portraits différents, belles épreuves.

684 — *Penthièvre* (Le duc de), par Dupin, d'après Quéverdo, in-8.

Deux très belles épreuves, dont une du 1ᵉʳ état, le personnage
plus jeune, avant la décoration de la Toison-d'Or.

685 — Le même Personnage, gravé par Le Beau, in-4.

Superbe épreuve, toute marge.

686 — *Penthièvre* (Louise-Marie-Adèl. de Bourbon),
duchesse de Chartres, par Le Beau, d'après Leclerc.

Très belle épreuve avant le numéro, toute marge.

687 — *Pichault de la Martinière*, par Le Beau, d'après
Desrais, in-8.

Deux belles épreuves, dont une avant le numéro.

688 — *Piron* (Alexis), par Duhamel.

Très belle épreuve avant le numéro, toute marge.

LE BEAU (Collection de)

689 — Le même Personnage, gravé par Bumphry.

Trois épreuves, dont une avant le numéro.

690 — *Pompadour* (La marquise de), par Le Beau, d'après Quéverdo.

Très belle épreuve grande marge.

691 — *Pope* (Alexandre), par Le Beau, d'après Kneller et Marillier.

Deux très belles épreuves, dont une avant l'adresse de la Vᵉ Duchesne, toute marge.

692 — *Provence* (Louis-Saint-Xavier comte de), étant jeune, par Duhamel, d'après Marillier.

Superbe épreuve avant le numéro, toute marge.

693 — *Provence* (Le comte de), par Le Beau, d'après Vanloo.

Très belle épreuve avant le numéro, toute marge.

694 — *Provence* (Le comte de), par Voysard, d'après de Sève.

Deux belles épreuves, dont une avant le nom du peintre ; à gauche.

695 — *Provence* (Le comte de), par Duhamel, d'après Marillier.

Deux très belles épreuves avant le numéro, dont une avec la croix du Saint-Esprit, changée de côté, toute marge.

696 — *Provence* (Le comte de), de profil, dessiné et gravé par Le Beau.

Deux épreuves, dont une avant le numéro, toute marge.

697 — *Provence* (La comtesse de), par Duhamel, d'après Quéverdo.

Très belle épreuve du 1ᵉʳ état, avec les mots : *Future épouse* de M. le comte de Provence, toutes marges. Rare.

LE BEAU (Collection de)

698 — Le même Portrait.

Très belle épreuve, toute marge.

699 — *Provence* (La comtesse de), portrait beaucoup plus grand, dans le même cadre.

Belle épreuve, toute marge.

700 — *Provence* (La comtesse de), d'après le tableau peint à Turin.

Très belle épreuve, toute marge.

701 — *Provence* (La comtesse de), par Cathelin, d'après Drouais, in-4.

Très belle épreuve, toute marge.

702 — *Provence* (La comtesse de), par Hubert.

Belle épreuve, toute marge.

703 — *Provence* (La comtesse de), de profil, avec une haute coiffure, par Le Beau.

Très belle épreuve, toute marge.

704 — *Pucelle* (René), conseiller au Parlement, d'après Desrais.

Trois belles épreuves, dont une avant le numéro.

705 — *Rameau*, musicien, par Delatre.

Très belle épreuve.

706 — *Raucour* (Mlle), de la Comédie française ; avec la scène de Mithridate.

Très belle épreuve avant la ligne sur la tablette inférieure.

707 — Le même Portrait.

Très belle épreuve, marge.

LE BEAU (Collection de)

708 — *Rousseau* (J.-J.), par Duhamel, d'après Marillier, in-8.

Deux épreuves, dont une avant le numéro grande marges.

709 — Le même Personnage, in-4.

Trois épreuves, dont une avant le numéro.

710 — *Saint-Germain* (Le comte de), in-4, sans noms d'artistes.

Deux très belles épreuves, dont une avant le numéro, toute marge.

711 — *Sartine* (de), lieutenant général de police, puis ministre de la marine.

Trois épreuves, dont une avant le numéro.

712 — *Savoie* (Le prince Eugène de), deux Portraits différents, par Le Beau et Dupin.

Belles épreuves, grandes marges.

713 — *Saxe* (Le maréchal de), deux Portraits différents, in-8.

Très belles épreuves avant le numéro.

714 — *Séguier* (Pierre), chancelier de France.

Deux épreuves dont une avant l'adresse d'Esnault et Rapilly, toute marge.

715 — *Suffren* (P.-A. de), vice-amiral de France, trois portraits différents.

Très belles épreuves, toute marge.

716 — *Sully* (Le duc de), ministre d'Henri IV, trois portraits différents.

Cinq pièces, belles épreuves.

717 — *Terray* (L'abbé), ministre d'État.

Trois épreuves en états différents.

LE BEAU (Collection de)

718 — *Tourville* (L'amiral de), d'après Desrais. —
    Très belle épreuve avant le numéro, toute marge.

719 — Le même Portrait.
    Très belle épreuve.

720 — *Turenne*, deux Portraits différents. —
    Trois pièces, dont deux avant le numéro.

721 — *Turgot* (A.-R.-J.), contrôleur général des finan-
    ces, d'après De Troy, in-4.
    Très belle épreuve.

722 — Le même Personnage, par Dupin et Marsilly,
    in-8.
    Deux pièces, belles épreuves.

723 — *Valois* (Marguerite de), reine de Navarre, par
    Duflos, in-8.
    Trois épreuves, dont deux avant le numéro.

724 — *Vence de Saint-Vincent* (Julie de Villeneuve),
    petite-fille de Mme de Sévigné, grand in-8.
    Très belle épreuve avant le numéro, toute marge.

725 — Le même Portrait, avec beaucoup de change-
    ments.
    Belle épreuve, toute marge.

726 — *Vergennes* (Le comte de), ministre et secrétaire
    d'État.
    Deux épreuves, dont une avant l'adresse et le numéro, toute
    marge.

727 — *Victoire-Louise* de France (Mme), fille de Louis XV,
    in-4.
    Très belle épreuve, toute marge.

LE BEAU (Collection de)

728 — *Villars* (Le maréchal de), deux Portraits différents.

Très belles épreuves, grandes marges.

729 — *Voisenon*, par Dupin, d'après Desrais.

Très belle épreuve, avant le numéro, toute marge.

730 — *Voltaire*, trois Portraits différents.

Quatre pièces, très belles épreuves, grandes marges.

731 — *Washington*, d'après Desrais.

Très belle épreuve avant le numéro, toute marge.

732 — *Wurtemberg* (Marie-Fédérowna de), grande-du-
chesse de Russie, in-4.

Superbe épreuve, toute marge.

733 — D'Alembert, Amelot, la comtesse d'Artois, Bayard.
Boudot, Michel Bouvart, Buffon.

Douze pièces.

734 — Boileau, Crébillon, Descartes, Fénelon, Goldoni,
Homère, Montaigne, Molière, Montesquieu, Racine,
J.-B. Rousseau, Anne de la Vigne.

Dix-huit pièces.

735 — Le prince de Conti, Du Guesclin, L. Dupuy, le
général Elliot, Erasme, Euler, Gillet, Herschell,
David Hume, Joseph Ier, roi de Portugal, Benoît
Labre, G. de La Faye, La Peyronie, le maréchal de
Luxembourg.

Seize pièces.

LE BEAU (Collection de)

736 — Ant. Mesmer, Jean-N.-Moreau, Napoléon Bonaparte, le duc d'Orléans, Pernetti, Ant. Petit, Pic-
cini, Th. Raynal, Richelieu, le cardinal de Rohan,
P.-G. Sage, A. Séguier, J.-J. Sue, Ant. Thomas,
De Thou, Jos. Vernet.

Vingt pièces.

737 — Mirabeau, Talleyrand, l'abbé Maury et autres
personnages de la Révolution, in-8.

Douze pièces en noir et en couleur, toute marge.

738 — Portraits divers.

Dix-huit pièces.

PORTRAITS

Gravés par P.-A. Varin et Autres

POUR ILLUSTRER

LES GRAVEURS DU XVIIIe SIÈCLE

ESTAMPES, PORTRAITS, VIGNETTES

PAR

M. le baron R. PORTALIS et M. H. BERALDI

Publiés par MM. MORGAND et FATOUT

1er VOLUME

* Anselin.
* Balechou.
* Bartolozzi.
  Boucher.
* Cars.
* Chedel.

—

* Chodowiecki.
  Choffard.
  Cochin.
  Debucourt.
* Denon.
* Desrochers.

2e VOLUME

Eisen.
Fragonard
Gaucher.
Gillot.
Gravelot.
Greuze.

—

* Hogarth.
* Janinet.
* Lalive de Jully.
  Launay (N. De).
  Lecomte (Marg.).
* Longueil (De).

3e VOLUME

Marcenay (De).
Miger.
Moreau le jeune.
* Ponce.
Prudhon.
Regnault.

Saint-Aubin (Aug. de).
Saint-Non (Abbé de).
* Schmidt (G.-F.).
Watteau.
Watelet.
Wille.

Les 15 Portraits avec * gravés spécialement pour cette suite, ne se vendent qu'ensemble avant la lettre ou lettre grise.

Bistre ou Noir, **30** fr.; sur Chine, **37** fr. **50.**

———

En Bistre ou en Noir, chaque.......... **1** »
Sur Chine....................... **1 25**

———

Chez VIGNÈRES, éditeur, 21, rue de la Monnaie

Vve RENOU ET MAULDE, impr^s de la Cie des Commissaires-Priseurs, rue de Rivoli, 144.   400—65139

Pour paraître Prochainement

CATALOGUE

DE

PORTRAITS

CLASSÉS PAR GRAVEURS

DEUXIÈME PARTIE

LA VENTE AURA LIEU

Les Jeudi 11, Vendredi 12 et Samedi 13 Mars 1886

CATALOGUE

DE

PORTRAITS

POUR

ILLUSTRATIONS

Deuxième Partie

LA VENTE AURA LIEU

Dans les premiers jours d'Avril

Vve Renou et Maulde, imprimeurs de la Compagnie des Commissaires-Priseurs, rue de Rivoli, 144.   400—65139

www.ingramcontent.com/pod-product-compliance
Ingram Content Group UK Ltd.
Pitfield, Milton Keynes, MK11 3LW, UK
UKHW020909150726
13696UKWH00008B/1235